ALBERT E. FR. SCHAEFFLE

Ancien Ministre autrichien.

PAS DE GUERRE !

LA PROCHAINE GUERRE AU POINT DE VUE DES CHIFFRES

Étude Militaire, Financière et Statistique
Sur l'augmentation des Effectifs de Paix de l'Armée Allemande

PARIS
W. HINRICHSEN, ÉDITEUR
22, RUE JACOB, 22

1887

PAS DE GUERRE!

IMPRIMERIE ÉMILE COLIN, A SAINT-GERMAIN

ALBERT E. FR. SCHAEFFLÉ

Ancien Ministre autrichien.

PAS DE GUERRE!

LA PROCHAINE GUERRE AU POINT DE VUE DES CHIFFRES

Étude Militaire, Financière et Statistique
Sur l'augmentation des Effectifs de Paix de l'Armée Allemande

PARIS
W. HINRICHSEN, ÉDITEUR
22, RUE JACOB, 22

—

1887

AVANT-PROPOS

Nous écrivons ces lignes au moment où de toute part on s'apprête à fêter la naissance du Christ. S'il est une fête qui dût s'écouler dans la paix et le calme c'est bien celle-ci. Eh bien, en l'an de grâce 1886 Noël voit la chrétienté tout entière trembler dans la crainte que lui inspire la guerre imminente entre l'Allemagne et la France d'une part, l'Autriche et la Russie de l'autre. Elle redoute de voir sortir de cette lutte une conflagration générale du monde, de voir éclater simultanément la guerre d'Orient et celle d'Occident.

A l'Est, l'Europe redoute une seconde guerre d'Orient. Les façons du général Kaulbars sur lesquelles les diplomates en activité de service ont été seuls à ne pas manifester leur étonnement et leur indignation, ces façons rappelaient trop la sans-gêne du prince Mentschikoff avant la guerre de Crimée quand il alla, en tenue de ville, adresser ses sommations à la Sublime-Porte.

A la vérité ce serait la guerre d'Orient avec un changement de front total dans l'Europe occidentale! Cette fois-ci ce seraient les Autrichiens et les Allemands qui iraient tirer les marrons du feu aux Anglais et non plus les Français qui en 1854 et 1855 ont payé l'impôt du sang dans une guerre qui ne leur a absolument rien rapporté.

A l'heure qu'il est la France fait des avances à la Russie et, comme le projet de réorganisation du général Boulanger semblerait l'indiquer, elle songe à porter l'effectif de son armée sur pied de paix, pendant toute la durée de la saison où elle pourrait se voir attaquée, au chiffre de 600,000 hommes ou peu s'en faut, ce qui revient à dire qu'elle cherche à donner l'instruction militaire à des masses d'hommes telles que forcément elle posséderait la supériorité numérique.

L'Allemagne et l'Autriche de leur côté s'apprêtent sinon à augmenter leurs effectifs dans la même proportion, du moins à s'assurer des forces assez considérables pour qu'elles puissent être à même de remporter la victoire.

De la sorte il semble inévitable que ces quatre puissances, fatalement, devront en venir aux mains.

Est-ce réellement inévitable, fatal ? Oui et non !

Oui — dans le cas seul où la passion aveugle, l'aveuglement et la déraison pure auront le dernier mot.

Non et mille fois non, s'il est temps encore d'en appeler au bon sens, à la raison de ces quatre nations, en leur faisant voir des faits positifs, des chiffres. Non, si ces peuples consentaient à se rendre compte d'une chose, c'est que la revanche forcément leur sera préjudiciable à tous, que tous quatre ils serviraient exclusivement les intérêts de l'Angleterre, s'ils comprenaient que ce n'est pas du tout en Roumélie que se trouve le foyer naturel de la question d'Orient, que les affaires de Roumélie ne peuvent nullement fournir l'occasion d'une nouvelle guerre.

La Revue des sciences politiques et administratives, où

paraissent ces lignes, est absolument indépendante, elle est étrangère à tous les pouvoirs publics, à tous les partis parlementaires.

Dès lors elle a le droit et en même temps le devoir de fournir les données, les chiffres en question, d'en montrer toute l'éloquence et d'évoquer les faits qui d'une part plaident en faveur du maintien de la paix et de l'autre en faveur d'armements dont le but unique est de garantir cette paix.

Nous ne ferons entrer en ligne de compte que la France et la Russie d'un côté, et de l'autre l'Allemagne et l'Autriche. Ces deux dernières puissances, en effet, ont heureusement renoncé à la rivalité qui les séparait et qui, par rapport à la réorganisation politique de l'Allemagne, faisait de la Prusse la puissance dirigeante du parti dit de l'Allemagne restreinte et de l'Autriche celle du parti dit « grand-allemand » : à l'heure qu'il est elles sont indissolublement unies et liées l'une à l'autre.

Les autres Etats, l'Angleterre, l'Italie, l'Espagne, la Belgique, les Pays-Bas, la Suisse, les royaumes scandinaves, la Turquie pourront se ranger d'un côté ou de l'autre et faire pencher la balance en faveur de l'un ou de l'autre groupe.

Mais on ne nous accusera pas de voir les choses trop en noir si nous admettons que peut-être dans telle ou telle circonstance la moitié de ces Etats se portera d'un côté et l'autre se ralliera au second groupe. Dès lors il est loisible de les laisser en dehors de nos calculs.

PAS DE GUERRE!

I

LES FRAIS ET LA DETTE DE LA PROCHAINE GUERRE

A combien cette guerre générale reviendrait-elle pour chacune des quatre nations qui y prendraient part? Quel accroissement en résulterait-il pour la dette publique de ces différents États?

Rien que de se poser cette question et de chercher à y répondre cela revient à combattre le plus éloquemment qu'il est possible toute guerre de revanche et toute guerre d'Orient, cela revient à démontrer que la victoire, si vous devez en sortir victorieux, vous coûterait vraiment trop cher.

Défunt Kolb, un brave homme s'il en fut, quoiqu'il appartînt au parti démocratique dont il est permis de l'appeler le statisticien, nous indique dans la neuvième édition (celle de 1879) de sa *Statistique*, les frais de la dernière guerre comme se montant à 10 milliards de francs, non pas pour la France en tant que pays, mais simplement pour l'État français.

L'écrivain français le plus compétent en matière de finances, Leroy-Beaulieu (1), est d'accord avec Kolb, car, d'après lui, M. Mathieu Bodet, étant ministre des finances, évalua les frais de la guerre à 9,287 millions; puis un autre ministre, M. Magne, en fixa le montant à 9,820 millions de francs. (Voir l'Appendice n° I.)

Mais dans ces chiffres ne sont pas comprises les sommes exigées d'une part pour la reconstitution du matériel de guerre et celles, d'autre part, qui représentent les dommages subis par les particuliers.

A l'heure qu'il est, on n'en a pas encore fini avec la reconstitution du matériel, qui, entreprise en 1875, dure à proprement parler actuellement encore, et qui figure pour 105 millions de francs dans les dernières évaluations budgétaires. Quant aux dommages subis par les particuliers, on n'a pas songé à payer à ceux-ci des indemnités destinées à les leur rembourser.

Si donc l'on ajoute aux sommes ci-dessus indiquées ces deux chiffres énormes, on arrivera à ce résultat que la dernière guerre n'aura coûté à l'Etat français guère moins de 12 milliards de francs et à la nation 15 milliards de francs ou 12 milliards de marks. Cette évaluation n'émane pas de nous, mais bien de plusieurs auteurs français.

Or les évaluations budgétaires pour les dépenses occasionnées par la Dette française s'accordent fort bien avec cette évaluation.

Si l'on ne considère que ces emprunts faits par la France en vue de la guerre et qui se montent à 8,593 millions de francs (notre Appendice n° II en fournit le détail), on ne pourra pas se faire une idée juste de la dette contractée en dernier lieu par la France pour dépenses occasionnées par la guerre; en effet cette somme a été de beaucoup dépassée par les emprunts faits en vue des dépenses purement militaires.

(1) *Traité de la science des finances*, t. II, p. 545 et suivantes.

Par conséquent on fera mieux, pour se rendre un compte exact du montant de la dette, de la calculer d'après les sommes portées comme étant indispensables pour payer les intérêts et pour procéder à l'amortissement de la dette publique. (Comparez notre Appendice n° III.)

Or, avant que la dernière guerre éclatât, le service de la dette publique (évaluat. budgétaire pour l'année 1870) exigeait 400 millions de francs, le capital de la dette se montant à 12 milliards. Dans les dernières évaluations budgétaires, le service de la dette publique exige 1,267 millions de francs, ce qui correspond à un capital d'au moins 32 milliards.

A la vérité il est excessivement difficile de décomposer en ses différentes parties l'évaluation budgétaire du service de la dette publique (comparez notre Appendice n° III), et cela pour des raisons que nous ne pouvons pas énumérer en détail.

Cependant on ne risquera guère de se tromper si l'on ne déduit du total qu'un quart des sommes dont le budget s'est accru depuis 1870, par conséquent 194 ou en chiffres ronds 200 millions de francs pour les dépenses exigées par les services civils.

Il restera donc tout près de 600 millions de francs représentant une augmentation d'impôts annuelle, augmentation provenant des dépenses occasionnées par la guerre et par la reconstitution du matériel depuis 1870. Si l'on admet pour la dette publique le taux de 4 pour 100, ces augmentations répondront exactement à un capital de 15 milliards de francs ou de 12 milliards de marks.

Il est une autre grande république qui, grâce à son développement merveilleux, rencontre en Europe de profondes et fortes sympathies. Celle-ci a éprouvé à son détriment, plus encore que ce n'a été le cas pour la France, combien il en coûte de devoir entreprendre une guerre — étrangère ou civile, peu importe — sans qu'on y soit préparé.

Les Etats du Nord de la grande République américaine eussent eu vite fait de triompher des Etats du Sud, lors de la guerre civile, si leurs milices avaient été bien instruites.

Mais n'étant pas suffisamment préparée à la guerre, l'Union dut dépenser 10 milliards de marks, et en donnant ce chiffre nous parlons uniquement des sommes versées par le Trésor. Il lui a été, à la vérité, plus facile d'amortir cette dette énorme, elle continue encore à l'amortir avec plus de facilité que nous autres nous ne pourrions le faire. (Comparez notre Appendice n° IV.)

Les intérêts de cette somme eussent suffi, et au delà, à l'entretien sur le pied de paix de l'armée allemande actuelle. A l'heure qu'il est encore (1885-86) le Trésor de l'Union est obligé de solder annuellement des pensions payées à d'anciens militaires se montant à 270 millions de marks (337,500,000 francs), tandis que l'Allemagne ne dépense pour ce chapitre que 22 millions de marks (27,500,000 francs).

Non seulement l'Allemagne est sortie de la dernière guerre sans avoir de dette spéciale contractée à cause de celle-ci; elle a de plus obtenu de l'argent pour procéder à l'amortissement de ses dettes, pour instituer une caisse des invalides, une caisse destinée à subvenir aux frais occasionnés par la construction de places fortes, etc. Actuellement la caisse des invalides produit, en outre des sommes qu'il lui faut payer (tout près de 27 millions de marks, 33,750,000 francs), un excédent d'intérêts d'un million et demi de marks (1,725,000 francs).

Cela ne veut pas dire que l'empire d'Allemagne, depuis 1876, n'ait pas été obligé de contracter aucun emprunt payant intérêts. Il en a contracté un, au contraire, de 410 millions de marks (à la fin de l'année 1885), dont un tiers environ a été employé à des dépenses non militaires (chemins de fer de l'Alsace-Lorraine, postes et télégraphes, réforme du système monétaire, etc.). Comparez à cet effet notre Appendice n° V.

Nous avons montré combien la dernière guerre a coûté cher à la France. Mais une guerre comme celle qu'on redoute en ce moment même *serait certainement bien plus onéreuse encore, elle vous entraînerait à des emprunts bien plus considérables, et vous seriez bien plus coupables en l'entreprenant.*

En effet, les masses armées qui viendraient s'entre-choquer seraient bien plus nombreuses encore. La force destructive des engins a grandi dans des proportions incalculables ; le matériel de guerre exposé à être détruit coûte bien plus cher ; les vivres devront être fournis en quantités bien plus considérables ; la reconstruction du matériel dévorera des sommes plus énormes encore ; les pères, les soutiens de famille se verront appelés sous les armes dans une proportion bien plus forte.

Nous croyons donc être fort modéré en évaluant à 16 milliards les pertes qu'occasionnerait une guerre entre la France et l'Allemagne, et à 30 milliards celles qu'entraînerait une guerre entre les quatre Etats. Et ces pertes seraient supportées totalement, en cas de défaite décisive, par les vaincus ; au cas où la victoire serait indécise, chacune des parties en supporterait la moitié, par conséquent chacun des Etats un quart.

Nous allons montrer dans le chapitre suivant à quelle augmentation d'impôts tout cela donnerait lieu.

Pour le moment, nous nous contenterons d'insister sur ce fait qu'une nouvelle dette se montant à environ 30 milliards de marks (37,500,000,000 francs) aurait pour conséquence inévitable d'augmenter pour un temps fort long et dans des proportions inouïes le taux de l'intérêt hypothécaire, ce qui achèverait de ruiner l'agriculture.

Qu'on veuille bien peser l'énormité de toutes ces sommes avant d'évoquer le spectre de « la guerre universelle nécessaire » et de chercher à persuader au public que cette guerre est inévitable, inéluctable ! Ce spectre, ce démon, s'il venait à apparaître serait terrible. Les Bulgares se sont amusés à l'évoquer, à le faire surgir. Eh bien, franchement, leur sort ne nous touche pas au point que nous irions, sans aucune raison valable, nous attirer à cause d'eux l'inimitié de la Russie. (Comparez notre chapitre VIe.)

II

LES IMPÔTS NOUVEAUX QU'OCCASIONNERAIT LA PROCHAINE GUERRE

Pour qu'on pût emprunter 16 milliards de marks (20 milliards de francs, il faudrait, au taux de 4 pour 100, disposer de 640 millions de marks (77 millions de francs) pour payer les intérêts, et pour une dette de 8 milliards, on aurait besoin de 320 millions de marks pour le service des intérêts.

Mais il est permis de supposer que pendant un temps fort long il faudrait payer non pas 4 mais 5, voire même 6 pour 100 d'intérêts. Dès lors le service de la nouvelle dette serait augmenté de 800 et même de 1,000 millions de marks par an (1,000 ou 1,250 millions de francs.

Ceux donc qui seraient la cause qu'une guerre malheureuse éclatât, ou qui, mus par de bonnes intentions ou bien encore dans un but inavouable, peu importe, refuseraient les fonds nécessaires pour mettre l'armée à même de soutenir victorieusement la guerre causeraient de la sorte notre défaite, ceux-là augmenteraient, pour l'Allemagne, par exemple, le service de la dette publique dans des proportions telles que le monopole des spiritueux, celui des tabacs et une surélévation considérable des droits de succession ne suffiraient pas à fournir les sommes voulues.

Ce sont précisément ceux qui ne veulent pas de ces monopoles ou de ces impôts sur les produits manufacturés — cela reviendrait au même — qui devront les premiers se préoccuper de fournir à l'Etat les moyens voulus, afin que l'armée puisse être mise en état de ne pas se voir battue par les Français.

De même ceux qui désirent le maintien du suffrage universel devraient être les premiers à nous fournir la preuve qu'une Assemblée, issue de ce suffrage, saurait à la longue ne pas compromettre la sécurité de l'Allemagne et éviter la création de nouveaux impôts se montant à 600 millions de marks.

En cas de défaite, nous autres Allemands, nous serions accablés également sous ces grands impôts des monopoles, des produits manufacturés et des droits de mutation que les trois autres Etats payent déjà. Nous en serions atteints le plus sûrement; nous ne pourrions pas payer aux industriels, qui actuellement ne sont pas soumis à l'impôt de fabrication, des indemnités dont il vaille la peine de parler; nous verrions éclore d'autres impôts encore fort lourds et ceux des anciens qui ne rapportent pas grand'chose n'en seraient pas moins maintenus.

La population en France, en Russie et en Autriche serait gravement atteinte aussi et aurait à supporter des charges inouïes, car ces trois pays n'ont plus en réserve de nouvelles sources d'impôts considérables, à l'exception de l'impôt sur le revenu pour la France.

L'Allemagne a un peu plus de marge, uniquement pour ce motif que dans ces derniers temps elle n'a pas soutenu de guerre malheureuse, et que de ce fait elle n'a pas dû aliéner ses domaines, pour ne parler que de ceux-là.

Dans notre Appendice n° VII, nous donnons d'une manière absolue les chiffres des charges qu'ont à supporter les quatre grandes nations, d'après les évaluations budgétaires les plus récentes, afin que chaque lecteur puisse calculer lui-même le taux pour cent par habitant.

Quant aux chiffres exacts et proportionnels établis d'une

manière satisfaisante, on pourra s'en tenir à ceux que Gerstfeldt a obtenus, d'après les chiffres absolus d'il y a sept ans, dans son ouvrage : *Beitræge zur Reichssteuerfrage*, 1879. Cet ouvrage est absolument impartial et représente une somme de travail considérable. Dans notre Appendice n° VII nous avons d'ailleurs soin, pour l'Allemagne surtout, d'indiquer les augmentations survenues depuis 1879.

Des données fournies par Gersfeldt, il ressort que les revenus de l'Etat se montaient, en 1879, par habitant, en marks, à :

	Au total	Sans les excédents, Sans les emprunts.	Sans les sommes perçues pour les transports par chemin de fer, etc.	Sommes produites par les seuls impôts sans les Domaines.	Sommes produites par les seuls impôts sans les Domaines et sans les droits d'administration.
Allemagne.......	32,3	28,17	24,47	18	15
Autriche-Hongrie.	26,14	24,36	24,36	23	21
France..........	56,95	55,44	54	52	50
Russie..........	18	15	15	15	12

Il ressort de ce tableau que, d'une façon absolue, l'Allemand supporte trois fois moins de charges que le Français, et qu'il ne paye que les trois quarts des impôts de l'Autrichien.

D'une manière relative, c'est-à-dire par rapport à la richesse et aux ressources imposables, c'est l'Allemand qui, comparé aux citoyens des trois autres pays, supporte certainement les charges les moins lourdes, surtout si l'on considère que dans certains Etats allemands, de moindre et de minime importance, on fait figurer au budget des dépenses et des impôts, qui ailleurs sont supportés, en dehors des impôts revenant à l'Etat, par les départements en France, par les pays de la couronne en Autriche, les provinces en Prusse et les gouvernements en Russie.

Les suites d'une guerre malheureuse seraient donc les plus

sensibles pour nous autres Allemands. Si en cas d'issue défavorable il nous fallait (voir ce que nous disions plus haut à ce sujet) trouver simplement 600 millions de plus pour payer de nouveaux impôts, chaque Allemand aurait à payer au moins 12 marks d'impôts de plus. — Il n'en paye pas autant actuellement pour couvrir les dépenses occasionnées par l'armée ! — Cela revient à dire que la charge absolue supportée actuellement d'une manière directe par le citoyen SERAIT PRESQUE DOUBLÉE.

La même augmentation absolue ou relative la France elle-même aurait de la peine à la supporter, car elle n'a plus laissé intacte qu'une seule grande source financière, l'impôt sur le revenu.

L'Autriche-Hongrie et la Russie seraient probablement forcées, ou à peu près, de faire supporter une partie des nouvelles charges non pas par les contribuables, mais bien par les créanciers de l'Etat et ce, en décrétant la banqueroute nationale.

Il ressort de là qu'à la vérité l'Allemagne, au point de vue des finances, est au moins aussi imposable que n'importe laquelle des trois autres puissances, mais TOUTES les quatre ont le plus grand intérêt matériel à éviter une guerre qui ne saurait être produite que par le désir absolument inique de la revanche ou par ce qu'on aurait traité la question d'Orient d'une manière absolument illogique et fausse. (Voir notre chapitre VI.)

Que ce soient les contribuables ou les créanciers de l'Etat qui paient la carte, toutes les quatre nations se verraient profondément atteintes soit dans toutes les couches de la population soit dans quelques-unes seulement; leurs intérêts vitaux même seraient lésés.

Les chiffres que nous venons d'indiquer sont si éloquents que toutes les quatre nations, du moment que leurs hommes d'Etat et leurs représentants en auront saisi une bonne fois toute la portée, ressentiront forcément la plus profonde horreur de la guerre ; et ce sentiment sera le plus fort chez les Français et les Russes quoiqu'on leur représente cette guerre comme étant absolument inévitable.

III

LES IMPOTS QUE L'ALLEMAGNE PAIE ACTUELLEMENT SONT RELATIVEMENT PEU LOURDS.

Nous disions que les Russes et les Français devraient être les premiers à ressentir une horreur profonde contre une nouvelle guerre.

Il est facile de prouver ce que nous avançons là. A une condition cependant, c'est qu'on consulte la statistique financière scientifique et solidement établie et non pas la statistique telle qu'on l'arrange en vue de l'agitation électorale et au profit de tel ou tel parti politique. A cet égard aussi les « *Beiträge zur Reichssteuerfrage*, 1879 » de Gerstfeld sont à mon avis la base de toute comparaison de statistique financière qui mérite le plus de confiance. Nous ne nous empressons pas moins d'ajouter dans notre Appendice n° VII un aperçu des évaluations budgétaires les plus récentes.

Pour bien saisir la portée du tableau que nous allons donner plus loin, il faut tenir compte des observations suivantes : L'ensemble des charges résultant des impôts comprend la somme des *impôts isolés* les plus différents. Ces derniers devront pour le moins être décomposés en trois classes principales : *contributions directes* (impôt sur la production, impôt foncier, impôt sur les bâtiments, sur les loyers, contribution personnelle, impôt général sur le revenu), *contributions indirectes* (douanes, taxes sur les consommations) et *droits de mutation* (droit de timbre, de succession).

Nous suivons dans la décomposition de ces différents impôts, à peu près les données fournies par Gerstfeldt (1). Au moment où il établissait ses calculs, 85 marks valaient 50 florins autrichiens et 210 marks équivalaient à 100 roubles. Voici le pour cent en marks et par habitant de la charge totale que supportaient les contribuables :

	Contributions indirectes.		Contributions directes.		Timbre et droits de mutation.		Charge totale des impôts.	
	Marks par habitant.	Pour 100.	Marks par habitant.	Pour 100.	Marks par habitant.	Pour 100.	Marks par habitant.	Pour 100.
Allemagne.	7,15 =	47,22	6,26 =	41,35	1,73 =	11,43	15,14 =	100
France....	27,02 =	52	11,90 =	22	13,22 =	26	52,24 =	100
Autriche...	10,29 =	48,91	6,91 =	32,83	3,84 =	18,26	21,04 =	100
Russie.....	8,08 =	66,17	3,58 =	29,38	0,54 =	4,45	12,20 =	100

La dernière colonne de chiffres, que nous avons imprimée en gros caractères, nous montre que la charge supportée par les Allemands est bien faible si on la compare à celle qui pèse sur les Français et les Russes. La différence est absolue par rapport à la France et à l'Autriche, elle est proportionnelle par rapport à ces deux pays et à la Russie. Car les Russes aussi peu que les Allemands refuseront d'admettre que l'Allemagne est de plus d'un cinquième plus imposable que la Russie d'Europe prise dans son ensemble (2).

Il y aurait intérêt à montrer par rapport aux classes principales des impôts, le montant peu élevé de la charge qui pèse sur les citoyens allemands.

Nous suivions dans le tableau ci-dessus à peu près les don-

(1) Comparez ma *Steuerpolitik*, page 30 et suivantes.

(2) Or, d'après le tableau ci-dessus, le Russe payait 12,29 M. et l'Allemand 15,14 M. par habitant.

nées fournies par Gerstfeldt et nous pouvions le faire d'autant mieux que dans notre Appendice nº VI nous indiquons les augmentations relativement faibles subies par les impôts depuis 1878 et que dans le même Appendice nous indiquons également celles qui sont survenues en France depuis la même époque.

Dans le tableau suivant nous comparons les impôts indirects plus ou moins élevés payés dans les différents Etats, tableau que Gerstfeldt a établi d'une façon à peu près exacte.

	Alcools par hectolitre 100 degrés.	Tabac par quintal du Zollverein (50 k.).	Sucre par quintal du Zollverein (50 k.),	Bière par hectolitre.
	—	—	—	—
Allemagne.	17,27 m.	22,50 m.	10,12 m.	1,26 m.
France....	61,54 m.	380 m.	16,38 m.	3,50 m.
Autriche...	20 m.	110 m.	10 m.	2 m.
Russie.....	125 m.	54,62 m.	13,67 m.	3,50 m.

On constatera que sur toute la ligne, l'Allemagne est la moins imposée des quatre puissances.

Le droits de mutation également (enregistrement et timbre) constituent une classe d'impôts bien moins développés en Allemagne que dans tel autre grand Etat moins riche qu'elle. D'après Gerstfeld, dont les données ne sont pas, à la vérité, absolument exactes à cet égard, l'enregistrement et le timbre rapportent par habitant en Allemagne 1,73, en Angleterre 6,62 et en Autriche 4,52 m.

En France les droits d'enregistrement (pour les affaires civiles, les successions, etc.) rapportent à peu près 500 millions de francs, c'est-à-dire 20 pour 100 du revenu brut total ; en Allemagne, au contraire, on n'a perçu vers 1879 que 1,73 m. par habitant pour droits de timbre et d'enregistrement (1).

Même si on ajoutait à cette somme la fraction des frais et dépens de justice, qui équivaut à l'impôt sur le revenu, on ne trouverait guère qu'une somme plus élevée que 2 m. par habi-

(1) Depuis cette époque il doit y avoir eu au plus une augmentation d'un demi-mark!

tant versée en Allemagne aux caisses de l'État pour timbre des actes notariés, droits de mutation et de succession.

A la vérité il existe des différences sensibles entre les divers États allemands par rapport à cette classe d'impôts. C'est ainsi que la Prusse a perçu par habitant 1,02, la Bavière 4,43, la Saxe 0,59, le Wurtemberg (qui depuis cinquante ans n'avait guère connu que de nom le droit de timbre) 1,59, le grand-duché de Bade 3,24, les villes de Hambourg 4,85 et de Brême 7,14 m.

Il n'est pas facile, il est vrai, d'indiquer la répartition exacte de ces sommes entre les différents droits, mais on ne saurait mettre en doute que ce sont les droits de mutation, c'est-à-dire les droits de succession et le timbre des actes notariés qui en ont fourni la majeure partie ou la presque totalité.

Il ressort de tout ce que nous venons de dire que l'Allemagne supporte une charge relativement peu élevée tant pour le total des impôts que pour chacun d'eux en particulier.

Mais loin de nous la pensée de vouloir conclure de ce fait qu'il faut lui imposer une charge plus lourde; nous voulons uniquement prouver *qu'elle pourra très facilement payer le petit surcroît d'impôts qui lui permettra de continuer à en payer moins que les autres nations, c'est-à-dire de s'assurer la victoire en donnant à ses armements et à ses effectifs toute l'étendue qu'on lui propose de leur donner.*

L'Allemagne a toute sorte de raisons pour vouloir ne pas renoncer à être la nation relativement la moins imposée par suite d'une guerre malheureuse.

Il est de toute évidence que l'Allemagne est parfaitement, absolument en état de supporter les frais qu'entraînerait une augmentation de l'effectif sur pied de paix dans la proportion où la propose le gouvernement de l'empire. Il lui est facile de couvrir ces dépenses et cela pour un temps fort long.

Si l'on compte que l'entretien de 1,000 hommes sur le pied de paix coûte un million, ce qui pour nous est une évaluation exagérée, il résultera de l'adoption du septennat une augmentation d'au plus 20 millions de marks et la charge supportée par chaque habitant ne s'élèvera que de 43 *pfennig* au plus. La charge imposée à chacun et qui est actuellement de 15 marks, de 17 en mettant les choses au pis, s'accroîtrait d'un demi-mark, et qu'est-ce là par rapport aux 50 marks que tout Français paye actuellement déjà? (1)

Si l'on ajoute le montant du nouvel impôt, 43 *pfennig* par habitant, au chiffre qu'atteignait précédemment la charge supportée par les contribuables, on n'arrivera de loin pas à celle que paie la France (50 marks par habitant) dès à présent, c'est-à-dire, avant l'augmentation qu'occasionna la réforme du général Boulanger.

Tandis que l'Allemagne paie par habitant la somme de 10 m. pour dépenses militaires soldées par les caisses de l'Etat, la France en dépense 16, soit 20 francs.

Les frais de l'augmentation des effectifs sur le pied de paix — dût-elle même s'élever à 20,000 hommes — ne *représentent qu'environ le 3 pour 100 de l'augmentation minima de la charge résultant pour l'Allemagne du service des intérêts à payer pour la dette qu'il lui faudrait contracter en cas d'une guerre malheureuse.*

Nous communiquons dans nos Appendices l'aperçu des sommes que l'Allemagne et la France ont dépensées pendant les dix années qui viennent de s'écouler pour entretenir leurs armées

(1) Certes, il y a des gens qui ont trouvé d'autres chiffres. Ou bien en faisant les calculs on n'a fait figurer que pour l'Allemagne les sommes exigées par les intérêts de la dette relativement faible résultant des dépenses militaires. Ou bien on fait figurer en Allemagne pour 26 millions 900,000 marks les pensions à servir aux invalides qui ne coûtent rien au contribuable, tandis qu'on *passe sous silence* les 115 millions de francs des pensions militaires françaises parce que dans les évaluations budgétaires françaises ils figurent à la rubrique n° 3 de la dette publique (rentes viagères). Il y a un procédé plus simple encore, c'est de calculer que chaque habitant paye 160 marks pour les dépenses militaires à savoir pour seize ans (1871-1887). Ah si tel député au *Reichstag* devait atteindre un âge seize fois supérieur à celui des autres hommes, il deviendrait aussi vieux que Mathusalem! Les chiffres ont bon dos.

sur le pied de paix. Nous nous sommes servis à cet effet de l'Almanach de Gotha et du *Statistische Jahrbuch des Deutschen Reichs*. Nous nous contenterons de faire remarquer ici que l'augmentation des dépenses militaires de l'Allemagne depuis 1872 n'a pas suivi la même progression que celle de la France, quoique la population de celle-là se soit accrue d'une manière bien plus sensible (1).

(1) D'après celà le soldat allemand ne coûte pas bien cher. La république des États-Unis dépense 42 millions de dollars pour 25,000 hommes, par conséquent 6,000 marks par homme. Nous n'en dépensons que 1000 environ. Le chapitre des pensions militaires des États-Unis également contient des chiffres plus élevés que celui de l'Allemagne, car, au cours de l'avant-dernière année on y voit figurer pour 654 millions de dollars, c'est-à-dire pour 250 millions de marks de pensions militaires dont une partie est servie à des invalides provenant de la guerre soutenue par les États-Unis contre l'Angleterre de 1812 à 1814. Rien que ces pensions représentent largement la moitié de la somme que coûte l'armée allemande. En y comprenant le service des intérêts de la dette de guerre qui, malgré un amortissement merveilleux se monte actuellement encore à 5,600 millions de marks (1389 millions de dollars) les sommes que dépensent les États-Unis pour les services militaires sont plus considérables que celles dépensées par l'Allemagne.

IV

LES EFFECTIFS DES DIFFÉRENTES ARMÉES.

La France (abstraction faite des colonies dont nous parlerons dans un autre chapitre) a une population de trente-huit millions d'habitants en chiffres ronds (résultat du dernier recensement), l'Autriche de trente-sept millions huit cent mille, la Russie d'Europe de quatre-vingt-huit et l'Allemagne de quarante-six millions huit cent mille.

Quel est l'effectif des armées de ces quatre pays relativement au chiffre de leur population ?

Il n'est pas déjà si facile de répondre exactement à cette question, quelque simple que cela paraisse. Au moins la chose présente quelques difficultés pour ceux qui ne sont pas militaires.

Il y a d'abord une grande inconnue qu'il importe de dégager : la force du *Landsturm* au point de vue de la quantité et de la qualité, autrement dit de son effectif et de sa valeur morale.

On arrive, par rapport à ces effectifs à des chiffres qui, en partie du moins, sembleront énormes. C'est si vrai que d'après l'Almanach de Gotha, la France d'après l'organisation militaire actuellement en vigueur (comparez notre Appendice n° IX) est à même de faire marcher 3,750,000 hommes et l'Allemagne, d'après certains auteurs, 3 millions.

Mais on arrivera à formuler des conclusions plus rigoureusement exactes si l'on s'astreint à négliger, pour toutes les quatre puissances, le *Landsturm*, quelque heureux que puisse nous rendre la constatation que d'ici à quelques années encore ce sera l'Allemagne qui possède dans son *Landsturm* le plus grand nombre d'hommes ayant fait du service. (Comparez notre Appendice n° XI).

Une fois cette déduction faite, on verra que d'après l'Almanach de Gotha les effectifs seront pour l'année 1886 :

	Sur pied de paix.	Sur pied de guerre.
	—	—
Pour l'Allemagne, de........	449,355 hommes.	1,900,000 (?) hommes.
Pour la France, de..........	523,283 —	1,750,000 —
Pour l'Autriche-Hongrie, de..	287,000 —	1,280,000 —
Pour la Russie (d'Europe), de.	890,000 —	2,000,000 —

On a prétendu (et c'est ce qui nous a porté à placer un point d'interrogation derrière le chiffre en question) que le tableau ci-dessus donnait pour l'effectif sur pied de guerre de l'Allemagne un chiffre inférieur à la réalité. C'est pourquoi nous avons voulu recourir à une évaluation dont l'auteur n'aura pas pu avoir l'intention de rabaisser les forces de l'Allemagne. Cette évaluation figure dans l'exposé des motifs de la dernière loi concernant le *Landsturm* de l'Autriche, tel qu'il a été présenté par le ministre de la Défense (comparez notre Appendice n° XI). Dès lors les chiffres principaux seront les suivants :

	Landsturm.	Armée active marine et dispensés à titre provisoire ou conditionnel.	Landwehr.
	—	—	—
Allemagne......	3,000,000 (?)	2,140,000	565,000
France..........	718,000	1,917,000	945,600
Autriche........	146,634 (1)	881,786	396,898
Russie..........	7,563,000 (?)	2,187,000	737,000

(1) Ce chiffre a été modifié depuis.

Ce qui revient à dire que l'Allemagne peut mettre sur pied.............	5,605,000
Et l'Autriche...........................	1,424,000
Total.........	7,029,000
Et d'autre part la Russie disposera de .	10,492,000
Et la France de.........................	3,635,000
Total.........	**14,127,000**

En négligeant les chiffres relatifs au *Landsturm* il y aura en présence d'une part

2,805,000 soldats allemands et
1,279,684 soldats austro-hongrois

Au total. **4,084,684** hommes.

Et d'autre part :

2,900,000 Russes et
2,862,400 Français.

Au total. **5,762,400** hommes.

D'après les indications fournies par l'Institut de J. Perlhes dans l'Almanach de Gotha le total de l'effectif sur pied de paix pour l'Allemagne et l'Autriche, se montant à 700,000 hommes à peu près, est de moitié plus faible que celui de la France et de la Russie, se montant à 1,400,000 hommes pour le moins.

D'après les indications fournies par le ministre de la Défense autrichien (comparez notre Appendice n° XI) les chiffres principaux permettent d'arriver à cette conclusion qu'il faudrait pour la Russie ne pas faire entrer en ligne de compte plus de la moitié des hommes avant que l'Allemagne et son alliée l'Autriche eussent le même nombre de soldats que la France alliée avec la Russie.

Dès aujourd'hui donc la supériorité quantitative des Autrichiens alliés aux Allemands sur les Français alliés aux Russes n'est pas absolue. Si le projet de réorganisation militaire du général Boulanger est adopté, si l'effectif de la France est augmenté, les deux Etats de l'Europe centrale verront de jour en jour croître leur infériorité par rapport au nombre de soldats dont ils pourront disposer.

Il n'est pas possible de prouver par les chiffres qu'une augmentation légère mais *durable* de l'effectif sur pied de paix en Allemagne n'est pas indispensable. A cet égard il s'agit de savoir si, oui ou non, on ajoutera foi à un homme tel que le maréchal de Moltke.

Mais même pour les profanes, rien ne semblera plus naturel, plus conforme à l'intérêt général de l'Europe et en particulier à celui de l'Allemagne que de voir celles des deux puissances qui ne menacent personne, élever leurs effectifs.

Au point de vue financier, comme nous l'avons démontré, cette augmentation n'augmentera pas sensiblement la charge qui pèse sur les contribuables.

Si la France devait réellement augmenter son effectif sur pied de paix de façon à le porter au chiffre de près de 600,000 soldats, elle obtiendrait au bout de douze ans au moins 250,000 hommes de plus qui auront reçu l'instruction militaire, tandis que l'Allemagne avec l'augmentation que demande son ministre de la guerre n'en aurait que 200,000 de plus au bout du même nombre d'années.

De plus il importe de ne pas perdre de vue que dès à présent la France et la Russie sont supérieures à l'Allemagne et à l'Autriche par rapport à la marine ; en effet la France compte 50,000 hommes, la Russie 26,000 hommes d'équipages de la flotte tandis qu'il y en a à peine 14,000 en Allemagne et 11,500 en Autriche. (Comparez notre Appendice n° XII.)

Quoique le chiffre de la population de ses colonies représente actuellement les trois quarts de celle de la mère-patrie, la

France n'emploie qu'un nombre de troupes excessivement faible dans ses colonies. D'après les indications fournies par le budget de 1886, il y avait à peine 10,000 hommes en Tunisie et au Tonkin. D'autre part on sait avec quelle facilité et quelle rapidité on a su amener jusqu'à Magenta et à Woerth les turcos et les zouaves de l'Algérie.

En 1870, les colonies françaises comptaient 3,600,000 habitants. Actuellement, en y comprenant Madagascar et l'Indo-Chine leur population s'élève à 27 millions en chiffres ronds. Malgré cet accroissement extraordinaire, la France n'aura pas besoin pour se maintenir dans ses colonies d'y envoyer un nombre de troupes tel que son effectif sur pied de paix et sur pied de guerre puisse devenir inférieur à celui de l'Allemagne. (Comparez notre Appendice n° XIII.)

V

LE DÉSARMEMENT

Quand on voit des braves gens proposer de conjurer le danger de la guerre par « un désarmement général » on serait tenté de s'écrier en parodiant une citation de Shakespeare « un mot, un royaume pour un mot ! » ou bien de rappeler les vers de Gœthe, dans Faust : « Quand les idées vous font défaut, il vous vient toujours un mot bien à propos pour cacher le vide. »

La plupart des apôtres du désarmement général sont de bonne foi, mais leur proposition est selon nous et vu la situation telle qu'elle est actuellement, une des phrases les plus sonores et les plus vides qui aient jamais été prononcées.

Que signifie ce mot de « désarmement ? »

Au sens où il est pris par les membres non allemands de la Ligue de la Paix, il signifie qu'il faut faire restituer à la France, ensuite d'un plébiscite, les provinces allemandes qu'elle nous a arrachées il y a deux cents ans.

Il n'en saurait être question. Les Allemands du Sud y consentiraient encore moins que ceux du Nord, car pour eux l'Alsace-Lorraine représente le glacis des fortifications élevées par l'Allemagne contre les agressions de la France.

En outre, on n'a pas le droit de nous imposer cette restitution et nous n'avons pas le devoir de la faire. Bien au contraire, le peuple allemand tout entier a le droit — que nulle prescription ne saurait rendre caduc, — et de plus le devoir de reconquérir les membres du corps germanique qu'on lui aura arrachés tant que ces membres pourront redevenir des fractions utiles de la mère-patrie.

Le plébiscite, la majorité des voix dans une province dont les classes supérieures ont été, au cours de deux siècles, plus ou moins francisées, dans une province qui a été agitée par la lutte religieuse du *Kulturkampf*, ce plébiscite, cette majorité ne sauraient représenter que la volonté de ces classes supérieures.

Mais même s'il exprimait la volonté du peuple tout entier il ne constituerait pas, vis-à-vis de la volonté unanime de la nation prise dans son ensemble, ni un droit positif, ni un droit naturel à la rétrocession. Ceux-là seuls ne reconnaîtront pas la vérité de ce que nous avançons là qui sont encore hantés par le souvenir des misérables plébiscites frelatés de la défunte ère napoléonienne et par l'utopie du droit naturel dont la science a depuis longtemps démontré toute l'inanité.

Au sens littéral du mot le désarmement est également impossible. Comment l'entend-on ? Sur quelle idée pratique repose donc cette proposition ?

Qui donc commencerait ? Evidemment ceux qui, au point de vue militaire, ont les plus grandes bottes. D'après ce que nous avons montré, ce serait aux Français et aux Russes à commencer. Ils ne le feront pas. De vouloir les y contraindre cela reviendrait à hâter le moment où la guerre éclatera.

Ou bien toutes les nations abaisseront-elles proportionnellement les effectifs de leurs armées de terre et de mer ? Cela est impossible.

D'abord il faudrait que, avant de procéder à cette diminution, on eût établi une proportion égale dans le recrutement, c'est-à-dire que chez toutes les nations le développement militaire fût parvenu au degré le plus élevé où il peut atteindre.

Qui donc en réalité pourrait demander cela? Qui donc est seulement capable de calculer à quel chiffre s'élèverait l'effectif sur pied de guerre plein et entier auquel on pourrait parvenir pour pouvoir le diminuer de tant pour cent sur toute la ligne?

Et serait-on d'accord sur les chiffres? Pourrait-on s'entendre du moment que toutes les puissances n'ont pas besoin d'établir le même pour cent dans les différentes armes et la même proportion entre leur effectif sur pied de paix et leur effectif sur pied de guerre?

C'est ainsi que, par exemple, les puissances de l'Europe centrale ont besoin d'un chiffre plus élevé que celles qui se trouven à l'Est ou à l'Ouest et que les puissances insulaires.

On n'a qu'à soulever ces questions pour être amené à reconnaître que la fixation volontaire ou forcée des chiffres proportionnels de la diminution, et en tout cas le contrôle à exercer, amèneraient mieux que tout autre chose des contestations et des querelles, c'est-à-dire qu'elle serait la cause de la guerre universelle éclatant à bref délai, de la guerre précisément qu'on se propose d'éviter.

Que faudrait-il donc faire? Voyons, que voulez-vous qu'on vous propose? Il est évident que les apôtres actuels du désarmement n'en savent rien.

Or quiconque demande le désarmement sans pouvoir indiquer un moyen de contrôle sûr et pacifique, sans pouvoir, de plus, en garantir l'exécution, celui-là prêche la guerre et non pas la paix.

La charge que les armements actuels imposent aux nations n'est certes pas légère, et il serait fort à souhaiter — en ceci nous sommes tous d'accord — que cette charge pût être diminuée.

Mais que les nations ne soient pas capables de la supporter plus longtemps c'est là une autre question. L'Allemagne du moins comme nous venons de le prouver avec chiffres à l'appui, peut continuer à porter cette charge. En outre, il n'y a d'autre moyen d'obtenir un allègement que d'attendre qu'à la longue les nations hostiles aient compris que leurs intérêts, qui sont solidaires, doivent l'emporter sur la soif de « revanche ».

Mais tant que ce moment-là ne sera pas venu, aucune nation ne pourra en principe renoncer à développer le plus possible sa puissance et à en faire l'usage le plus complet, le plus entier qu'exigera sa conservation personnelle.

Or ce développement de la puissance militaire n'est plus, à ce qu'il semble, trop éloigné du point culminant auquel il pourra en général atteindre. Quand on y sera arrivé et qu'on aura su enfin triompher des sentiments de haine dont on est animé, la paix, et avec elle la diminution des effectifs, seront garanties simplement par ce fait que les nations de l'Europe auront appris à s'estimer réciproquement et à placer leurs intérêts communs bien au-dessus de leurs intérêts distincts et discordants

Ce temps-là viendra certainement, car dès à présent de nouveaux continents commencent à prendre le dessus sur nous autres Européens et à déployer une puissance inquiétante.

D'ici là, les gens qui voudront travailler au maintien de la paix n'auront que deux tâches réellement pratiques à remplir : en premier lieu, il leur faut mettre celles des puissances qui ne sont point agressives à même de s'assurer la victoire par les armements voulus afin qu'on évite toute guerre de revanche ou que, si elle venait à éclater, elles puissent écraser définitivement l'adversaire. En second lieu, on devra démontrer aux nations européennes que c'est une chimère vaine et fausse que de croire qu'il n'existe qu'une solution possible pour la question d'Orient, à savoir la guerre.

Nous allons traiter ce point plus en détail dans le chapitre suivant.

VI

LA SOLUTION PACIFIQUE DE LA QUESTION D'ORIENT

La politique anglaise est mue par un désir unique, c'est que d'autres pays sacrifient jusqu'à leur dernier homme et leur dernier centime afin de combattre la Russie sans que l'Angleterre ait besoin d'exposer ne fût-ce qu'un homme, de dépenser ne fût-ce qu'un centime.

Ou bien serait-ce réellement dans un intérêt personnel et propre que l'Autriche-Hongrie elle-même se déciderait à supporter les frais énormes dont nous avons donné le détail dans nos chapitres I et II, uniquement pour tenir la Russie éloignée de la Bulgarie, ou même pour l'empêcher à tout jamais d'avoir pour ses flottes une communication directe et libre entre la mer Noire et la mer Méditerranée ?

Je le conteste absolument, malgré la profonde estime que je professe pour la nation chevaleresque des Madgyars si bien doués aussi au point de vue de la politique, et qui n'ont qu'un tort, c'est de ne pouvoir oublier Vilagos, la journée néfaste où le Russe Paskiewitsch triompha d'eux.

Il y a un intérêt qui est commun à l'Autriche, d'une part, et à toutes les autres puissances sans en excepter la Russie, de l'autre : c'est que sur le territoire actuel de la Turquie toutes les nations civilisées puissent avec des droits égaux circuler et faire le commerce, que la route qui mène aux Indes, dans l'Asie et l'Afrique orientales soit ouverte à toutes les nations aux mêmes conditions.

Que la Russie exerce une influence prépondérante en Bulgarie, pays qui doit son indépendance politique aux armes russes, c'est là une question d'intérêt absolument secondaire qui certes n'est pas assez considérable pour que l'Autriche-Hongrie puisse, même de loin, s'imaginer qu'il vaille la peine de créer de nouveaux impôts se montant à 600 millions, mettons, si vous voulez, à 300 millions de marks, ou de s'exposer à une banqueroute nationale énorme pour des sommes égales à celles que nous venons d'indiquer.

D'après ce qui vient d'être exposé, il y aurait à la vérité deux hypothèses dans lesquelles forcément la question d'Orient ne pourrait plus avoir d'autre issue que la guerre.

La première serait qu'une puissance quelconque — l'Angleterre et la France tout aussi bien que la Russie — vînt à dominer dans la Méditerranée comme sur un lac lui appartenant exclusivement, ce qui revient à dire que l'une de ces puissances prétendrait au droit exclusif de coloniser les territoires orientaux baignés par cette mer.

L'autre hypothèse serait qu'une puissance seule occupât militairement ou le canal de Suez — le plus important des passages — ou bien encore les Dardanelles, et en voulût interdire l'accès aux navires de guerre et de commerce des autres nations.

Mais que le passage des Dardanelles soit absolument libre pour la marine de guerre de toutes les puissances et par conséquent aussi de la Russie, cela constituerait tout aussi peu un cas de guerre que le passage absolument libre du canal de Suez accordé à tous les pavillons.

Il serait même dans l'intérêt de l'Allemagne et de l'Autriche que le passage à travers les Dardanelles fût absolument libre, car pour elles la puissance maritime déployée par l'Angleterre sur le canal de Suez est trop considérable. L'Angleterre y joue un rôle prédominant, elle l'occupe militairement et, s'il n'éclate pas de guerre, elle continuera sans nul doute à l'occuper tant qu'elle ne fera pas mine d'interdire le passage aux navires de guerre et de commerce des autres nations.

Pourquoi y aurait-il donc une nouvelle guerre d'Orient? Ni l'un ni l'autre des cas de guerre ci-dessus mentionnés ne se présentera et quelle que soit la puissance qui veuille soulever l'une ou l'autre de ces deux questions, — que ce soit l'Angleterre, la Russie ou la France, — les autres lui tiendront sûrement tête et lui imposeront la paix.

Si cette puissance agressive devait être l'Angleterre, il serait même à désirer que la Russie disposât du libre passage à travers les Dardanelles ou qu'elle possédât un port de guerre dans la mer Egée; car avec le concours de la flotte russe, les autres puissances se verraient en état de tenir tête à l'Angleterre. (Comparez l'effectif des flottes dans notre Appendice n° XIII.)

On pourra fort bien trouver une solution grâce à laquelle le libre passage des Dardanelles et du Bosphore soit accordé aux forces de toutes les nations sans que l'Autriche, et surtout l'Allemagne, se voient forcées de commencer, pour se défendre, une guerre à mort, et cela d'autant plus que toute action brutale de la Russie dans la presqu'île des Balkans détournera de celle-ci les sympathies des peuples de ces régions, y compris la Roumanie, et les poussera à se jeter dans les bras des puissances du centre de l'Europe.

Si l'un ou l'autre de ces cas de guerre devait être soulevé par suite de l'agression de la Russie — et si la querelle devait être également vidée dans une guerre maritime sur la Méditerranée — si la Russie voulait, par exemple, faire main basse sur l'Asie-Mineure et la Syrie, on interdira le passage du canal de Suez ou des Dardanelles; alors précisément quand la Russie serait à même de sortir de sa prison, la mer Noire, et de pénétrer dans la mer Egée et de se précipiter sur Alexandrie, l'Angleterre deviendrait notre alliée et une alliée très active qui prendrait les devants, tandis qu'à présent elle voudrait tous les trente ans nous décider à supporter les frais d'une guerre atroce avec la Russie pour assurer sa sécurité.

Or nous n'avons aucun intérêt à faire les guerres de l'Angleterre contre la Russie et nul motif pour lui aider à faire de la Méditerranée un lac anglais et de l'Egypte une province de la grande puissance insulaire.

C'est là précisément ce qu'il y a de consolant, c'est que toutes les nations ont un intérêt égal à neutraliser les deux foyers d'où pourrait surgir un nouvel embrasement en Orient, de neutraliser toute la partie orientale de la Méditerranée et d'en accorder le libre accès à tous.

Il ressort de tout ce que nous avons dit que, de voir la Russie exercer une influence politique prépondérante en Bulgarie, voire même à Constantinople, cela ne saurait constituer pour l'Autriche et la Hongrie un motif nullement suffisant pour engager une guerre aussi terrible que le serait celle dont nous avons indiqué plus haut les frais en chiffres fort éloquents.

Ce qui justifierait bien moins encore une guerre, c'est l'envie qu'ont les Madgyars de tirer vengeance de la Russie ou, à proprement parler, de leur propre empereur et roi.

Nous sommes convaincu que le temps n'est pas éloigné où tout le monde se rendra compte de ce fait que le centre de gravité de la question d'Orient est bien plus à Alexandrie qu'à Constantinople, plutôt dans le canal de Suez qu'aux Dardanelles, bien plus en Asie-Mineure et en Syrie que dans la chaîne des Balkans.

Que de préjugés n'avons-nous pas dû abandonner nous autres hommes d'un certain âge! et nos hommes d'Etat donc!

En 1854, nous nous croyions tous obligés de venir en aide à l'Angleterre contre la Russie! Et voici qu'à l'heure actuelle Gladstone abandonne la Turquie et déjà on a pu se convaincre que ce que nous redoutions tous il y a trente ans n'arrivera pas. Les Etats des Balkans ou de l'Hémus, tous sans exception, le Monténégro, la Serbie, la Bulgarie, la Roumanie, la Grèce n'ont aucune envie ni de se jeter dans les bras les uns des autres ni de se jeter tous ensemble dans ceux de la Russie. On le voit bien par ce qui se passe en Bulgarie et par les efforts que la Russie se voit obligée de faire pour y maintenir son influence prépondérante.

Eh bien, on continuera à se dégriser, on verra de jour en jour plus clair; nous autres, les Allemands et les Autrichiens, nous n'avons pas à engager la lutte en faveur de l'Angleterre contre la Russie, nous n'avons à prendre les armes que pour nous-mêmes et nous arriverons à ce résultat si nous savons nous conduire comme nous le devons vis-à-vis des Slaves de l'Autriche et de ceux des Balkans.

Si une puissance quelconque devait être amenée à poser l'un ou l'autre des deux cas de guerre ci-dessus mentionnés toutes les autres nations se réuniraient pour assurer la paix et la liberté de la circulation : l'Angleterre à cause des Indes, la France à cause des dix-huit millions d'Indochinois et des trois millions de Malgaches qui se trouvent actuellement sous sa dépendance, l'Allemagne à cause de ses colonies dans l'Afrique orientale, l'Italie à cause de son établissement dans la mer Rouge, toutes ces nations réunies à cause de la Chine qui exporte à l'heure qu'il est de grandes quantités de thé, même en Russie par la voie de Suez.

Or, il n'est pas permis de supposer que dans ces parages la Russie soit jamais capable de triompher de toutes ces puissances réunies ou même de leur faire la guerre à toutes. Ce qu'il est bien plutôt permis de supposer c'est que l'Angleterre soit amenée à s'emparer de la suprématie absolue dans ces régions et pour la lui disputer nous ne saurions nous passer des Russes. (Comparez notre Appendice n° XIII.)

Que l'Autriche voulût engager en Roumélie une lutte sanglante, une lutte à mort contre la Russie, ce serait bonnement de la folie tant que le Danube et la route de Salonique seront libres.

Que l'Autriche fît la guerre en faveur de l'Angleterre, on le comprendrait encore moins que sa neutralité armée de 1854, grâce à laquelle elle s'est vue isolée et seule dans l'Europe en 1859 et en 1866.

En dehors de l'Angleterre la France seule, — poussée par le désir d'avoir plus facilement sa revanche sur l'Allemagne, — pourrait vouloir allumer une guerre de ce genre. Mais l'Autriche et même la Russie commettraient un crime vis-à-vis de leurs peuples en dissipant leur sang et des milliards en masse et cela en pure perte.

Si donc tout le monde consent à raisonner de sang-froid *il faudra* bien au contraire que la *paix* soit maintenue en Orient et les intérêts communs qui commandent impérieusement le maintien de la paix à toutes les nations dans ces parages parviendront peu à peu à triompher de toutes les haines, de toutes les présomptions nationales, mieux que ne pourraient le faire toutes les ligues de la paix imaginables.

Ce que nous soutenons là n'est pas une phrase, une parole vaine. Le commerce qui se fait avec les pays de l'Orient appartenant actuellement à la Turquie et avec l'Egypte n'est nullement enchaîné à la seule place de Constantinople; il existe d'autres voies en nombre très considérable qui passent au nord et au sud de la Roumélie.

Ce commerce international, en y comprenant celui qui est en réalité tenu d'employer la voie de Suez et qui embrasse toute l'Asie occidentale, méridionale et orientale, ce commerce-là est gigantesque comparé aux intérêts minimes qui seraient compromis par l'influence prépondérante de la Russie en Bulgarie, même si elle devait pouvoir y être maintenue.

Pour la France aussi les intérêts commerciaux sont énormes, ils le deviendront davantage d'année en année, maintenant qu'elle a formé un nouvel empire colonial en Tunisie et en

Algérie, à Madagascar et en Indo-Chine, de sorte qu'elle pourra fort bien renoncer avec le temps à reconquérir deux provinces allemandes qui jamais n'auraient dû tomber entre ses mains.

En effet, n'a-t-elle pas, depuis 1870, acquis vingt-trois millions de sujets nouveaux dans ses colonies et les pays de protectorat? Eu égard à cet agrandissement elle pourra se résoudre à faire son deuil des Alsaciens-Lorrains et elle le fera, dans son propre intérêt, car ses forces sont et resteront engagées en Afrique et en Asie. Depuis 1870 la France, eu égard à la population des pays occupés, est devenue un empire colonial imposant et une puissance orientale de premier rang. (Comparez notre Appendice nº XIV.)

Dès lors il y a lieu d'espérer que la guerre d'Occident cessera de nous menacer absolument comme la guerre d'Orient. C'est précisément de l'Est que luira le flambeau de la paix internationale pour les Européens et cette éclatante lumière dissipera forcément la sombre nuée de la Revanche, qui rêve d'arracher une seconde fois à une autre nation celle de ses provinces qu'on lui avait ravies jadis.

VII

CONCLUSION

Nous avons vu qu'il pourrait bien se faire que la France fût amenée à renoncer à ses revendications concernant des pays allemands. Mais jusqu'à ce que ce moment-là soit venu, il faut que l'Allemagne se tienne prête à toute éventualité.

D'ici à nouvel ordre elle ne pourra travailler à sa conservation personnelle et garantir la paix générale qu'à une seule et unique condition, c'est de disposer de forces défensives supérieures, ou bien pour éviter totalement la guerre de revanche avec la France, ou pour réduire cet état à l'impuissance pour un temps fort long, c'est-à-dire jusqu'au moment où les nations européennes — forcées qu'elles y seront par la lutte qu'il leur faudra soutenir avec d'autres continents — auront reconnu toute la petitesse de leur soif de revanche et de vengeance, comparée aux grands intérêts communs qui les rendront solidaires les unes des autres. C'est alors seulement que, sans se méfier les unes des autres, elles pourront diminuer les charges que leur impose l'entretien de leurs énormes armées.

C'est ce que tous les chiffres fournis par nous ont dû clairement démontrer. Ces chiffres ont dû fournir la preuve que :

Primo pour l'Allemagne l'augmentation de ses effectifs lui permettant d'attendre l'ennemi de pied ferme ne lui coûtera qu'un demi-mark de plus par habitant et qu'elle peut facilement supporter cette surcharge;

Secondo cela reviendrait à vouloir faire des économies de *pfenning* et, à jeter par la fenêtre les pièces de vingt marks que de ne pas savoir supporter cette petite surcharge et d'avoir par contre à supporter l'accroissement annuel d'impôts se montant à 600 et même à 800 millions de marks qui résulterait d'une guerre malheureuse et dès lors elle se verrait condamnée à exploiter avec la plus grande rapacité celles des sources d'impôts auxquelles on n'a pas encore touché sans que pour cela on pût se permettre de supprimer ceux des impôts actuels qui ont un rendement fort mauvais;

Tertio l'Allemagne et l'Autriche ne sont, par rapport aux chiffres des effectifs et bientôt aussi peut-être par rapport à la qualité de leur force armée, nullement supérieures à la France et à la Russie au point qu'elles puissent s'assurer la paix à elles-mêmes et à l'Europe sans porter aux dernières limites du possible leurs armements en vue de la guerre.

C'est pourquoi il est fort à désirer que l'entente puisse s'établir entre le gouvernement impérial d'Allemagne et le *Reichstag* allemand au sujet de l'augmentation des effectifs nécessaire pour donner à la force défensive de l'armée le développement voulu.

Loin de nous la pensée de faire fi de l'importance qu'il y a que le gouvernement subisse le contrôle des représentants de la nation. Mais s'il faut absolument qu'il surgisse un conflit entre es deux pouvoirs, ce sont certes les dépenses militaires nécessitées par les armements français qui devraient être la question où le parlementarisme eût le plus à se garder d'entrer en lutte avec le gouvernement. Une majorité, de plus, qui ne sait que dire « non » à tout ce qu'on lui propose, est le moins propre à soulever la question de parlementarisme, c'est-à-dire celle du gouvernement par les chefs de la majorité du pouvoir représentatif.

Certes, que le *Reichstag* soit dissous ou qu'il ne le soit pas, on mettra l'Allemagne en état de résister à la France.

Nous n'avons pas eu la pensée de médire de l'esprit de contrôle sévère dont est animée l'opposition, nous avons bien moins encore songé, en écrivant ces lignes, à supposer à qui que ce soit des intentions peu avouables.

En dehors du *Reichstag* aussi on devrait s'entendre facilement. Les catholiques allemands ont cessé d'être régis par des lois d'exception. En face du danger énorme de voir la patrie anéantie par la France, tous les partis ont les mêmes intérêts. S'ils étaient victorieux, les Français feraient subir le même traitement aux champs des protestants et des catholiques, des libéraux-allemands et des conservateurs, à leurs semailles, à leurs fermes, à leurs usines et à leurs valeurs. Et ce traitement serait loin d'être bon!

C'est pourquoi on ne ferait pas mal de s'unir même avant qu'une nouvelle guerre éclate. Il n'est pas nécessaire que les catholiques allemands soient plus ultramontains que le pape, que l'ancien parti de la grande Allemagne se montre plus intransigeant que l'empereur d'Autriche et le roi de Bavière.

Quant à ceux qui devraient désapprouver la présente publication, nous les prierons simplement de vouloir bien ne pas oublier que la revue où elle figure, parait sur les bords du Neckar supérieur. Or c'est l'Allemagne du Sud qui est la plus menacée depuis Belfort !

27 décembre 1886.

APPENDICES

APPENDICE N° I

LES FRAIS DE LA GUERRE DE 1870

Les 9287 millions de M. Mathieu Bodet se décomposent comme suit :

	Millions de francs.
Frais de guerre extraordinaires	1912,0
Approvisionnement de Paris	169,5
Secours aux familles de militaires et de marins	50
Intérêts des sommes dues à l'Allemagne	302
Frais d'entretien des troupes allemandes	323,6
Restitution des contributions levées par l'armée allemande	61,7
Frais occasionnés par les différents emprunts	631,2
Pertes subies par suite du non-paiement d'impôts et de revenus	364,1
Indemnité de guerre payée à l'Allemagne	5000
Indemnités aux victimes de la guerre payées comptant	106
Indemnités payées aux communes par annuités (1)	251
Indemnités payées pour les dommages causés par le génie militaire	26
Frais de guerre non classés (ministère de l'Intérieur)	30
Reconstitution du matériel	592,2
Total	9287,882
	Millions de francs.

(1) Dans le budget le plus récent près de 18 millions de francs figurent à ce chapitre.

APPENDICE N° II

REMBOURSEMENT DES FRAIS DE GUERRE

(Comparez notre Appendice n° I.)

1° Par les emprunts			8,593,210,635 f.
A savoir :			
Emprunt de 750 millions.	804,5	millions de francs.	
Emprunt Morgan	208,9	—	
Emprunt fait à la Banque de France	1530	—	
Emprunt fait à la Compagnie de l'Est	325	—	
Emprunt des deux milliards	2225,99	—	
Emprunt des trois milliards	3498,7	—	
2° Sommes obtenues par la vente du vieux matériel et par de nouveaux impôts			1227,432,365 »
Total			9820,643,000 fr.

(Almanach de Gotha, année 1876, page 598.)

APPENDICE N° III

LE SERVICE DE LA DETTE PUBLIQUE FRANÇAISE

(D'après les évaluations budgétaires les plus récentes. — Almanach de Gotha, année 1887.)

		Millions de francs.
1. Pour la dette consolidée (4 1/2 0/0, 4 0/0 et 3 0/0)........		759,9
2. Capitaux remboursables (annuités, etc.)................		296,7
Dans le nombre figurent :		
Pour l'emprunt Morgan (Comparez l'Appendice n° II)..............	17,3 millions de francs.	
Pour l'emprunt fait à la Compagnie de l'Est (Comparez l'Appendice n° II)........................	20,5 —	
Pour les emprunts faits en vue de la construction de nouvelles casernes......................	7,98 —	
Pour les indemnités de guerre.....	19,4 —	
3. Autres rentes, à savoir la Dette viagère................		210,7
Rentes viagères..		10,2
Pensions militaires......................................		115,8
Pensions civiles...		61,6
Indemnités diverses......................................		9,7
Sommes versées pour les pensions à servir aux anciens militaires à la Caisse des Dépôts et Consignations...........		13,2
Somme totale.....		1267,4

APPENDICE N° IV

LA DETTE DE GUERRE DES ÉTATS-UNIS DE L'AMÉRIQUE DU NORD

En 1871, immédiatement avant l'amortissement, la dette des Etats-Unis — provenant en majeure partie de la guerre de sécession — se montait à 2,283 millions de dollars, par conséquent à 10 milliards de marks (12 milliards et demi de francs), sans compter les pertes énormes que la guerre causa aux particuliers et aux Etats. Les emprunts durent être faits à un taux énorme. Les obligations payées comptant en or, à 6 pour 100, virent leur cours baisser jusqu'à 39. A l'heure qu'il est, les obligations 3 1/2 pour 100 des Etats-Unis ont atteint le cours de 120! (Comparez le cens de 1886, VI° volume, page 390.)

APPENDICE N° V

LA DETTE DE L'EMPIRE D'ALLEMAGNE TELLE QU'ELLE ÉTAIT AU 31 MARS 1885

(*Statistische Jahrbücher für das deutsche Reich*, 1886, page 217).

	Millions de marks.
Obligations, *rapportant intérêt*........................	410
Bons du Trésor ne rapportant pas intérêt..............	70
Papier-monnaie de l'empire ne rapportant pas intérêt...	141,18
Somme totale..	621,2
Service annuel des intérêts (1886-1887)................	18,3

APPENDICE N° VI

AUGMENTATION DES RECETTES DE L'ÉTAT DEPUIS LE JOUR OU L'ON ADOPTA LA POLITIQUE PROTECTIONNISTE ET LES DROITS SUR LA CONSOMMATION

En Allemagne, les nouveaux impôts rapportèrent *par habitant* en *pfennigs* (*Statistische Jarhbücher für das deutsche Reich*, 1886) :

	1878-1879.	1885.
Café et substances équivalentes......	80	102
Tabac..............................	44	75
Vins et cidres.....................	21	31
Productions du Midi...............	12,6	6,3
Riz...............................	3,8	1,26
Harengs...........................	5	6,6
Épices............................	4,7	6,7
Thé...............................	1,7	3,6
Bétail............................	4,8	9,8
Blés..............................	0	65,2
Bois de charpente et d'ouvrage......	0	11,2
Fils de cotons....................	5,8	10,6
Tabac.............................	0,60	0,92 (Mark)
Sel...............................	0,92	0,92 »

	1878-1879	1885
Sucre	1,15	0,85 »
Alcools (1)	1,36	1,44 »
Bière	0,86	0,81
Timbre de change	13,8	14,6 (2)

On pourra d'ailleurs s'en tenir d'autant plus sûrement aux chiffres *proportionnels* de Gerstfeldt — sauf de légères variations — qu'il est facile de prouver qu'en France les impôts ont considérablement augmenté *malgré l'accroissement si lent de la population*, comparé à celui de l'Allemagne, où il a été à peu près de 11 pour 100 depuis 1872.

En y comprenant les centimes additionnels des communes, les contributions directes se sont accrues en France de 575,5 millions (1869) à 755,3 millions de francs (1885), comme on peut le voir dans une publication officielle, *le Bulletin de statistique*.

Les contributions indirectes ont subi pour les impôts principaux, depuis 1869, l'accroissement suivant :

	1869.	1878.	1887.
Contributions directes	382,8	417,7	440,2
Droits de mutation	362,7	469,4	520
Timbre	83,6	153	154,5
Douanes	75	283	329,7
Sucre	111,8	122,7	168
Boissons	243	399	480
Tabac	246,8	321,4	374,4
Dépenses (en chiffres ronds).	1900	2800	3140

(1) Dans ce chiffre ne sont pas compris les habitants des États du Sud qui ne font pas partie de l'Union des États payant l'impôt sur les alcools, et la bière.

(2) Dans ce chiffre sont comprises les recettes de l'impôt sur les transactions de la Bourse, à peu près 5 pfennigs par habitant. Comme tous les financiers le prévoyaient et le prédisaient, cet impôt ne rapporte que fort peu.

4

APPENDICE N° VII

DETTE, IMPOTS ET DÉPENSES DE DIVERS ÉTATS

(D'après l'almanach de Gotha pour l'année 1877).

A. Service de la dette publique :

1. Allemagne (dette de l'Empire (1).....	18	millions	de marks.
2. France..........................	1267	—	de francs.
3. Autriche-Hongrie..................	190	—	de florins.
Cisleithanie... 123 millions de florins			
Dette hongroise 75,5 — (2)			
4. Russie..........................	260	—	de roubles.

B. Contributions directes :

1. Autriche-Hongrie..................	195	—	de florins.
2. France..........................	440,2	—	de francs.
3. Russie..........................	126,3	—	de roubles.

C. Contributions indirectes :

1. Allemagne d'après Gerstfeld (augmenté de 10 pour 100)..................	500	—	de marks.
2. Autriche-Hongrie..................	403	—	de florins.
3. France..........................	2413	—	de francs (3).
4. Russie..........................	438	—	de roubles.

(1) D'après Gerstfeld la dette répartie sur les habitants de l'Allemagne tout entière se chiffre à 4,3 marks par habitant.

(2) Dans ce chiffre ne sont pas compris les 30,3 millions de florins constituant la part de la Hongrie dans l'ancienne dette autrichienne.

(3) 374,4 millions proviennent du seul monopole des tabacs, 480 des boissons, 159 millions du timbre, 547,7 millions des droits d'enregistrement et 329,7 millions des droits de douane.

(Dans ce chiffre figurent 288 millions de roubles fournis par divers impôts sur les consommations et 49,5 millions de roubles fournis par diverses taxes.)

D. Aperçu général des évaluations budgétaires de l'empire allemand (pour les douze mois compris entre le 1er avril 1886 et le 31 mars 1887) :

Dépenses : 696,615,509 marks, à savoir dépenses permanentes 621,152,433 marks, et dépenses uniques 75,463,076 marks. *Recettes* : 696,615,509 marks.

DÉPENSES

I. Dépenses permanentes :		
I. *Bundesrath*	—	marks.
II. *Reichstag*	379.670	—
III. Chancelier de l'Empire et chancellerie impériale	141.360	—
IV. Ministère des affaires étrangères	7.377.535	—
V. Ministère de l'Empire pour les affaires intérieures	7.753.025	—
VI. Administration de l'armée impériale	343.036.713	—
VII. Administration de la marine	37.101.185	—
VIII. Ministère de l'Empire pour l'administration judiciaire	1.887.178	—
IX. Ministère des finances de l'Empire	155.534.666	—
X. Ministère des chemins de fer de l'Empire	297.165	—
XI. Dette de l'Empire	18.302.500	—
XII. Cour des Comptes	529.773	—
XIII. Service général des pensions	21.850.075	—
XIV. Service des pensions pour les invalides de l'Empire	26.961.588	—
Total des dépenses permanentes	621.152.433	marks.
II. Dépenses uniques :		
I. *Reichstag*	—	marks.
I a. Chancelier de l'Empire et chancellerie impériale	11.000	—

II. Ministère des affaires étrangères.........	615.000	—
III. Ministère de l'Empire pour les affaires intérieures..............................	2.590.010	—
IV. Administration des Postes et Télégraphes.	4.508.815	—
IV a. Imprimerie impériale....................	360.000	—
V. Administration de l'armée impériale.....	41.511.588	—
VI. Administration de la marine...........	9.701.900	—
VII. Ministère de l'Empire pour l'administration judiciaire.......................		—
VIII. Ministère des finances de l'Empire......	7.300.000	—
IX. Administration des chemins de fer........	3.294.460	—
X. Déficit du budget pour l'année budgétaire 1884-85..............................	5.570.303	—
Total des dépenses uniques......	75.463.076	marks.
Total des dépenses permanentes.	621.152.433	—
Total des dépenses.............	696.615.509	marks

RECETTES

I. Douanes et impôts sur les consommations (391,6 millions de marks au total). — *Provenant du territoire de l'Union douanière :*

a. Recettes auxquelles participent tous les États confédérés :		
Douanes................................	245.720.000	marks.
Impôt sur le tabac.........................	7.656.000	—
Impôt sur le sucre de betteraves...........	37.286.480	—
Impôt sur le sel...........................	38.306.000	—
b. Recettes auxquelles ne participent pas la Bavière, le Wurtemberg et Bade :		
Impôt sur les alcools et droits transitoires sur les alcools..........................	37.224.450	—
c. Recettes auxquelles ne participent pas la Bavière, le Wurtemberg, Bade et l'Alsace-Lorraine :		
Impôt sur la fabrication de la bière et droits transitoires sur la bière.................	17.213.570	—

Provenant des territoires confédérés situés en dehors des limites de l'Union douanière :

Indemnités pour les douanes et les impôts sur la consommation auxquelles participent tous les États confédérés........................	6.780.150	—
Auxquelles ne participent pas la Bavière, le Wurtemberg et Bade (Impôt sur les alcools).......	953.750	—
Auxquelles ne participent pas la Bavière, le Wurtemberg, Bade et l'Alsace-Lorraine (Impôt sur la fabrication de la bière)..................	461.270	—
II. Droits du timbre de l'Empire :		
Impôt sur les cartes à jouer.................	1.025.500	marks.
Timbre de change........................	6.437.000	—
Timbre des valeurs, des papiers d'affaires, etc. et des numéros de loterie :		
A. Pour les actions, les inscriptions de rente, les obligations et billets, déduction faite des frais de prélèvement et d'administration se montant à 2 pour 100 et accordés aux gouvernements confédérés par le titre 43e de la loi sur le prélèvement de l'impôt du timbre de l'Empire (*Reichsgesetzblatt*, 1886, p. 179).	4.400.000	—
B. Pour l'achat des valeurs et autres affaires de ce genre, déduction faite des 2 pour 100 accordés aux États confédérés............	12.000.000	—
C. Pour les numéros de loterie :		
Loteries d'État:.........................	5.425.000	—
Loteries particulières, déduction faite des 2 pour 100 accordés aux États confédérés..	350.000	—
Total........	22.375.000	marks.
Droit de statistique......................	529.300	—
III. Administration des Postes et Télégraphes...	28.563.006	—
IV. Imprimerie impériale....................	1.065.690	—
V Administration des chemins de fer.........	17.847.400	—

VI. Banque :

Participation de l'Empire au produit net de la Banque de l'Empire (Titre 24e de la loi du 14 mars 1875 sur la Banque, *Reichsgesetzblatt*, page 177)....... 2.420.000 marks.

Impôts sur les billets de banque dont le montant n'est pas couvert par la réserve métallique d'après le titre 9e de la loi sur la Banque................ 27.500 marks.

Total de la rubrique VI.....	2.447.500	—
VII. Recettes faites par différentes administrations (dans ce chiffre figurent 4 millions perçus par l'administration militaire).....	7.743.879	—
VIII. Fonds provenant de la caisse des Invalides..	26.961.588	—
IX. Intérêts provenant de sommes appartenant à l'Empire et prêtées par lui :		
Sommes provenant de la caisse des fortifications.................... 900.000 marks.		
Sommes provenant du capital voté pour la construction du palais du *Reichstag*. 680.000 m.		
Total du n° IX.....	1.580.000	—
X. Recettes supplémentaires extraordinaires :		
Provenant de la caisse des fortifications.....	12.230.866	—
Provenant de la caisse du palais du *Reichstag*.	2.000.000	—
Provenant de l'emprunt..................	35.738.855	—
XI. Contributions matriculaires (138,4 millions de marks). Dans ce chiffre		
La Prusse figure pour....................	70.270.716	—
La Bavière —	26.881.985	—
La Saxe —	7.730.898	—
Le Wurtemberg —	9.934.619	—
Bade —	6.828.829	—

APPENDICE N° VIII

ÉVALUATIONS BUDGÉTAIRES POUR LA GUERRE ET LA MARINE 1878-1887

A. France (Almanach de Gotha, 1878-1887) en millions de francs :

	Armée de terre.	Flotte (sans les colonies).	Pensions militaires.
	—	—	—
1878...........	531	365 (1)	65
1879...........	538,3	162	65
1880...........	552,9	160	68,3
1881...........	575	164	68,4
1882...........	571,3	166,3	75
1883...........	584,1	204,8	81
1884...........	605,3	204,5	84,5
1885...........	596,3	200	84,3
1886...........	574.7	200	113,8
1887...........	664,3	195,2	115,18 (2)

Ce sont là les chiffres portés aux *évaluations budgétaires.* Il est hors de doute que, pris dans leur ensemble, ils ont été dépassés de beaucoup.

En nous basant sur ces chiffres pour établir la comparaison entre les frais d'entretien de l'armée en France et en Allemagne, nos calculs par conséquent seront plutôt exagérés en ce qui concerne ce dernier pays.

(1) Crédit pour le rétablissement de la flotte se montant à 209,18 millions de francs (loi du 5 juillet 1877).

(2) Chiffre exact 120 millions. Voir à la page 28.

B. DÉPENSES DE L'EMPIRE D'ALLEMAGNE POUR SON ARMÉE DE TERRE ET SA FLOTTE DEPUIS 1872

(*Statistisches Jahrbuch für das deutsche Reich*, 1886).

	1872		1880-81		1886-87	
	Dépenses		Dépenses		Dépenses	
	ordinaires.	extraordin.	ordinaires.	extraordin.	ordinaires.	extraordin.
Armée.	234, m.	68,2m.	327, m.	42,9m.	343 m.	41,5m.m.
Flotte.	14,8 »	16,2 »	24,7 »	14,9 »	37,1 »	9,7 »

APPENDICE N° IX

L'ORGANISATION MILITAIRE DE LA FRANCE

(D'après l'almanach de Gotha, année 1878).

Loi du 27 juillet 1872 : service obligatoire universel ; 20 ans de service, 9 ans dans l'armée active (ligne), dont 5 (actuellement 3) dans l'armée active, le reste dans la réserve ; 11 ans dans l'armée territoriale (*landwehr*), dont 5 ans dans la réserve de l'armée territoriale (qui correspondrait donc à peu près à notre *landsturm*). L'institution des engagés conditionnels ou volontaires d'un an a été de nouveau supprimée.

La loi du 24 juillet divise la France, par rapport à l'armée active, en 18 régions (régions de CORPS D'ARMÉE) et en 144 subdivisions de région (région de régiments de l'armée territoriale).

La région du 19e corps d'armée (l'Algérie) comprend trois divisions territoriales (y tiennent garnison, entre autres, 4 régiments de zouaves, 3 régiments de turcos, 1 régiment de la légion étrangère, 3 régiments de spahis).

L'effectif des cadres est réglé par la loi du 13 mars 1875.

La *landwehr* (armée territoriale) comprend : infanterie, 145 régiments chacun de 3 bataillons à 4 compagnies, plus 1 compagnie de dépôt ; cavalerie, 18 régiments de 4 escadrons chacun ; en plus, 18 régiments d'artillerie (262 batteries), 18 bataillons du génie et 18 escadrons du train des équipages.

Il faut y ajouter le corps des gardes forestiers et des douaniers ; les deux corps réunis pourraient, en cas de guerre, présenter un effectif de 20,000 hommes.

En se basant sur cette organisation, *l'Almanach de Gotha* pour l'année 1878 (page 625) admet que l'effectif de guerre de l'armée française sera pour :

L'armée de campagne, de...........	880.000	hommes.
Les dépôts, de.....................	220.000	—
L'armée territoriale, de.............	580.000	—
Les gardes forestiers et douaniers, de.	20.000	—
Au total, de.....	1.750.000	hommes.

En comptant la réserve de l'armée territoriale, les hommes dispensés du service pendant le temps de paix comme soutiens de famille et les services auxiliaires, on arrivera à un chiffre du double plus fort.

APPENDICE N° X

L'EFFECTIF DE L'ARMÉE ALLEMANDE

L'effectif de l'armée impériale allemande, sur le pied de paix, a été porté par la loi du 6 mai 1880, pour le laps de temps compris entre le 1er avril 1881 et le 31 mars 1888 (SEPTENNAT), de 401,659 à 427,274 hommes.

Voici pour 1886-87 l'effectif de l'armée impériale allemande d'après le budget :

Infanterie, 307,296 hommes; cavalerie, 67,921 hommes; artillerie, 54,239 hommes; pionniers (bataillons du génie), 11,356 hommes; train, 5,088 hommes; troupes spéciales, 1,174 hommes, et officiers hors cadre, 2,264. Au total 449,335 hommes.

APPENDICE N° XI

ÉVALUATION FAITE PAR LE MINISTRE AUTRICHIEN DE LA DÉFENSE DES EFFECTIFS DES PUISSANCES MILITAIRES LES PLUS IMPORTANTES DE L'EUROPE

1. *Landsturm (réserve de l'armée territoriale).*

Le total approximatif des hommes qui, sous des dénominations diverses, sont, d'après les différentes organisations militaires, compris dans le *landsturm* et semblent devoir être disponibles, se monte : pour l'empire allemand, à 3,000,000 d'hommes, pour la Russie à 7,568,000, pour l'Italie à 1,366,600, pour la France à 718,118, pour la Serbie à 96,000, pour la Roumanie à 150,000, pour l'Autriche (avant 1866) à 146,034 hommes.

Par rapport à l'empire d'Allemagne il est essentiel de ne pas perdre de vue que tout près d'un tiers du *Landsturm* pris dans son ensemble, c'est-à-dire 900,000 hommes ont reçu une éducation militaire plus ou moins complète.

En Italie le *Landsturm* comprenait 366,600 hommes de la milice territoriale et 1,000,000 d'hommes dispensés à titre provisoire. En France figurent comme troupes du *Landsturm* les 718,118 hommes qui forment la réserve de l'armée territoriale et que nous avons mentionnés à propos de cette dernière.

2. *Autres éléments constitutifs de la force armée.*

Le total approximatif des divers éléments constituant l'effectif de l'armée active, de la marine de guerre et des hommes dispensés à titre provisoire ou conditionnel, et enfin des *Landwehr* qui d'après les différentes organisations militaires semblent être disponibles, se monte par rapport au *Landsturm* aux chiffres suivants :

	Landsturm.	Armée active, marine de guerre, dispensés conditionnels.	Landwehr.
Dans l'Empire d'Allemagne..	3.000.000	2.140.000	565.000
En Russie..................	7.568.000	2.187.000	737.000
En Italie..................	1.366.600	807.942	299.233
En France..................	718.118	1.971.900	945.600
En Autriche-Hongrie........	146.034	881.786	396.898

D'après les indications fournies ci-dessus les différentes catégories des forces militaires disponibles pour les différents Etats et prises dans leur ensemble produisent par rapport à la population totale de ces Etats les chiffres suivants :

	Ensemble des forces.	Total de la population.	Pour 100.
Dans l'Empire d'Allemagne.	5.705.000	46.240.000	12,2
En Russie.................	10.492.000	102.000.000	10,3
En Italie.................	2.473.775	29.010.650	8,5
En France.................	3.635.018	37.672.048	9,6
En Serbie.................	280.000	1.865.683	15,0
En Roumanie...............	532.722	5.376.000	10,0
En Autriche-Hongrie.......	1.424.718	37.465.430	3,2

C'est par conséquent l'Autriche-Hongrie qui a le pour cent de beaucoup le plus faible d'hommes appelés sous les armes, par rapport au chiffre total de sa population.

3. *La durée du service militaire pour les différentes catégories d'hommes; les contingents annuels des différents États.*

Dans l'*Empire d'Allemagne* la durée complète du service militaire est de vingt-cinq ans, à savoir douze dans l'armée active et la marine de guerre et treize dans le *Landsturm* pour tous ceux qui passent de l'armée de terre et de la marine de guerre dans le *Landsturm*, tandis que tous les hommes qui ne proviennent pas du service actif font partie du *Landsturm* depuis l'âge de dix-sept ans jusqu'à celui de quarante-deux, par conséquent pendant vingt-cinq ans pleins et entiers.

En *Russie* la durée complète du service militaire est de vingt ans, à savoir quinze ans dans l'armée active et cinq ans dans la *Reichswehr* (*Landsturm*) de première catégorie. Les hommes versés à la marine de guerre y servent pendant dix ans et appartiennent pendant les dix années qui suivent à la *Reichswehr* de première catégorie. Les hommes qui ne proviennent pas du service actif sont également soumis au service militaire pendant vingt ans dont quatre pour la *Reichswehr* de première et seize pour celle de deuxième catégorie.

En *Italie* la durée pleine et entière du service militaire est de dix-neuf ans dont huit dans l'armée active, quatre dans la milice mobile et sept dans la milice territoriale (*Landsturm*). Pour les hommes qui ne proviennent pas des deux premières catégories, mais qui entrent directement dans la milice territoriale, la durée du service dans cette dernière est également de dix-neuf ans.

En *France* la durée du service militaire complète est fixée à vingt ans, à savoir neuf ans dans l'armée active et la marine de guerre, cinq ans dans l'armée territoriale et six dans la réserve de l'armée territoriale (*Landsturm*).

En *Serbie*, la durée pleine et entière du service militaire se monte à trente ans, à savoir dix ans dans chacune des trois classes, par conséquent dix ans de service dans le *Landsturm*, ou bien dix ans dans la troisième catégorie de la première classe, sept ans dans la seconde et treize ans dans la troisième classe (*Landsturm*).

En *Roumanie* la durée complète du service militaire est fixée à seize ans rien que pour le service actif, dont huit ans dans l'armée active proprement dite ou la marine de guerre et huit ans dans l'armée territoriale ou bien à vingt-cinq ans dont huit ans dans l'armée territoriale de première ligne, sept ans dans la milice de seconde ligne et dix ans dans le *Landsturm* de troisième ligne. Les hommes qui entrent directement dans la milice de deuxième ligne ont à y servir pendant quinze ans, puis pendant dix ans dans le Landsturm.

En *Autriche-Hongrie* la durée totale du service militaire était de douze ans dont dix ans dans l'armée active ou dans la catégorie des hommes laissés dans leurs foyers en disponibilité de l'armée active, et deux ans dans la *Landwehr*. Dans la marine de guerre, le service actif et celui de la réserve sont fixés à neuf ans seulement après quoi les hommes sont définitivement libérés. Dans le Tyrol la durée du service militaire dans le *Landsturm* est de vingt-sept ans, dans le Vorarlberg elle est de trente-deux ans.

Dans tous les États que nous venons de passer en revue le service dans l'armée active ou dans la marine de guerre est en partie actif, en partie il se fait dans la réserve. Voici dans quelles proportions :

	Armée active. — Années passées		Marine de guerre. — Années passées	
	au service actif. —	dans la la réserve. —	au service actif. —	dans la la réserve. —
Dans l'Empire d'Allemagne.	3	4	3	4
En Russie................	6	9	7	3
En Italie..................	3	5	3	5
En France	5 (1)	4 (2)	5	4

(1) Actuellement 3 ans.
(2) Actuellement 6 ans.

	Armée active.		Marine de guerre.	
	Années passées		Années passées	
	au service actif.	dans la la réserve.	au service actif.	dans la la réserve.
En Serbie	2	8	0	0
En Roumanie	3	5	3	5
En Autriche-Hongrie	3	7	4	5

4. *Effectif normal sur le pied de paix des armées actives, des marines de guerre et des Landwehr.*

Empire d'Allemagne : 449,343 hommes pour l'armée active, 13,321 hommes pour la marine de guerre, au total 462,664 hommes.

Russie : 846,000 hommes pour l'armée active, 50,000 cosaques, 26,000 hommes pour la marine de guerre, au total 922,000 hommes.

Italie : 267,550 hommes pour l'armée active, 13,000 hommes pour la marine de guerre, au total 280,550 hommes.

France : 494,793 hommes pour l'armée active, 75,000 hommes pour la marine de guerre et les troupes coloniales, au total 569,793 hommes.

Serbie : 18,090 hommes pour l'armée active.

Roumanie : 37,000 hommes pour l'armée active et 720 hommes pour la marine de guerre, au total 37,720 hommes.

Autriche-Hongrie : 250,112 hommes pour l'armée active, 6,890 hommes pour la marine de guerre, 3,351 hommes pour la *landwehr* impériale royale, 7,693 hommes pour la *landwehr* royale de Hongrie, au total 268,046 hommes.

Par rapport au chiffre total de la population, l'effectif sur pied de paix de ces différents Etats représente le pour cent suivant :

	Population.	Pied de paix.	Pour 100.
	—	—	—
Dans l'Empire d'Allemagne....	47.240.000	462.664	0,98
En Russie....	102.000.000	922.000	0,9
En Italie.......	29.010.650	280.550	0,9
En France.......	37.675.048	569.793	1,5
En Serbie	1.865.683	18.090	0,97
En Roumanie................	5.376.000	37.720	0,7
En Autriche-Hongrie	37.465.430	268.046	0,71

APPENDICE N° XII

EFFECTIF DES FLOTTES

(Almanach de Gotha pour l'année 1887)

Angleterre.......	48.200 hommes d'équipages.
—	12.707 hommes de troupes de marine.
—	22 883 hommes pour la réserve de la marine.
	83.790 hommes.

France (en chiffres ronds)...............	50.000	hommes
Italie................................	13.000	—
Allemagne...........................	14.000	—
Autriche-Hongrie.....................	11.500	—
Russie.................................	26.000	—
	114 500	hommes.

PENDCE N° II

Quoique, à l'heure qu'il est, la France possède dans ses *colonies* et les *pays de protectorat* une population de vingt-sept millions d'habitants, tandis qu'en 1870 ce chiffre ne s'élevait qu'à trois millions sept cent mille, il n'y avait en fait de troupes occupées à l'extérieur que 42,378 hommes (almanach de Gotha pour l'année 1887).

A savoir, en Algérie :

Tirailleurs algériens (turcos).............	11.084	hommes.
Légion étrangère.........................	5.000	—
Infanterie légère d'Afrique................	4.140	—
Chasseurs d'Afrique.......................	4.152	—
Spahis....................................	3.292	—
Artillerie................................	2.391	—
Train.....................................	3.655	—
Dans la Tunisie et au Tonkin..............	8.664	—
	42.378	hommes.

APPENDICE N°. XIV

EMPIRES COLONIAUX

Ce qu'il y a de remarquable c'est que les Français sont les derniers à se rendre un compte exact du changement qu'a subi leur situation en Orient. En 1870 ils comptaient dans leurs colonies et les Etats de protectorat trois millions sept cent mille habitants; actuellement il y en a 27 millions. Au point de vue des colonies aussi ils se sont élevés au rang d'une grande puissance. Quelque considérables que soient les territoires conquis par la Russie, elle a été dépassée de beaucoup par la France depuis l'année 1870 sous le rapport de la population dans les colonies et les Etats de protectorat.

La France possédait :

En 1870 9,752 milles carrés géographiques et 3,693,575 habitants dans ses différentes colonies et les divers pays soumis à son protectorat. En 1887 elle est arrivée à n'avoir pas moins de vingt-sept millions sept cent mille habitants dans ses colonies et ses pays de protectorat, tandis que les autres empires coloniaux possédaient :

L'Angleterre	274,77	millions.
Les Pays-Bas	28,4	—
La Russie	16,4	—

LES COLONIES FRANÇAISES EN 1887

	Kilomètres carrés.	Population.
En Asie	525.600	18.422.500
En Algérie	667.000	3.360.000
Au Sénégal	29.000	188.600
Au Congo et au Gabon	54.000	?
En Tunisie	116.000	1.500.000
A Madagascar	591.965	3.500.000
Total pour l'Afrique	2.239.900	8.817.000
En Océanie	23.608	85.753
En Amérique	124.506	397.688
Total général	2.913.600	27.723.000

et en 1870 il n'y avait en tout que 3,700,000 habitants dans toutes les colonies françaises!

FIN

TABLE DES MATIÈRES

IMPRIMERIE ÉMILE COLIN, A SAINT-GERMAIN.

CHEZ LE MÊME ÉDITE[illegible]

L'ARTILLERIE DE [illegible]

Considérations sur l'artillerie de campagne [illegible]

SON ÉTAT ACTUEL ET LES RÉFORMES [illegible]

PAR

UN OFFICIER SUPÉRIEUR D'ARTILL[illegible]

OUVRAGE TRADUIT DE L'ALLEMAND, AVEC L'AUTORISA[illegible]

Par ERNEST JAEGLÉ

Professeur à l'École spéciale militaire de Saint-[illegible]

Un volume in-18. [illegible]

TABLE DES MATIÈRES : I. La méthode actuelle de comba[illegible] de la tactique d'artillerie. — III. Conduite techniqu[illegible] campagne. — IV. L'organisation de l'artillerie[illegible] effectifs. — VI. L'armement. — VII. L'instruction [illegible] — IX. Conclusion.

Ce livre malgré son titre n'a pas un intérêt [illegible] militaire. L'intérêt politique qu'il présente est [illegible] grand, surtout dans le moment critique que nous [illegible] actuellement.

LA PROCHAINE [illegible]

GUERRE FRANCO-ALLEM[illegible]

Par le Lieutenant-Colonel C. KOETT[illegible]

OUVRAGE TRADUIT AVEC L'AUTORISATION DE [illegible]

Par ERNEST JAEGLÉ

Professeur à l'École spéciale militaire de Saint-[illegible]

SOMMAIRE : I. Les Écrits et l'armée de la Revanche[illegible] d'une nouvelle guerre franco-allemande. — III. Que[illegible] imminente entre la France et l'Allemagne produir[illegible] intime et l'existence du peuple allemand ? — [illegible] France et l'Allemagne occupent-elles sous le rappor[illegible] vis-à-vis des autres États, et n'est-il pas probable qu[illegible] fois-ci encore, se trouvera localisée ? — V. La [illegible] chaine guerre franco-allemande.

Un volume in-18. — Prix

Imp. ÉMILE COLIN, à Saint-Germain.

www.ingramcontent.com/pod-product-compliance
Ingram Content Group UK Ltd.
Pitfield, Milton Keynes, MK11 3LW, UK
UKHW022120260726
13993UKWH00003B/1144